MINÄ AJATTELEN

Helli Karimus

MINÄ AJATTELEN

Minä ajattelen
© Helli Karimus
Julkaisija Books on Gemand, Helsinki, Suomi
Valmistaja: Books on Demand, Norderstedt, Saksa
Julkaisuvuosi 2018
Tekijä: Helli Karimus
Oikoluku: Helli Karimus
Kannen kuva "Tytöt": Amanda Rose
ISBN 978-952-800-179-9

ALKUSANAT

Haluan kiittää kaikkia minua avustaneita.
Tämä on toinen runokirjani, nimeltään "Minä ajattelen".
Ensimmäinen oli "Minä rakastan".
Tässä runokirjassa olevat runot ovat lyhyempiä.
Runot ovat kevyempiä runoja ja ajatelmia.
Niitä on noin 100 kappaletta.

Kiittäen kaikkia,
Helli Karimus

JOHDANTO

Tässä runokirjani "Minä ajattelen".
Tässä on noin sata runoa, jotka on tehty vuosina 2016–2017.
Olen todella kiitollinen, että olen saanut tehdä runokirjoja.
Tässä on, kuten ensimäisessä kirjassa, monenlaisia runoja.
Aihepiirit ovat useimmille ihmisille tuttuja.
Kiittäen kustantajaa kiitollisuudella.
Helsingissä,
Helli Karimus

RUNOT

1. Kaksi tyttöä.

Kaks tähteä, kaks lasta majaan käy.
Metsässä maja, majassa suoja.
Maja se majakasta käy.
Ryöstöretkillä kaks lintua.
Ihmetellen itseään, siipiään
pesään onneks käyden.
Muuttolinnut lentäen kauas.
Pihapuu vain vartoo.
Kaks neljä silmää ihmetellen.
Kun lento käy. Siiven sivallukset,
yks kaks neljä siipeä räpytellen.
Toinen vastaa,
 toisen siiven sivallukseen.
Kaikki käy ympyräiseen puuhun päin.
Se käy majakasta, pesäkolo.
Vain poikasia ei näy.
Kaks tyttöä juovat majassa teetä.
Toisilleen tarjoavat.
Niin on majassa sopu.
Ei pääse kummaltakaan poru.
 Ilta jo hämärtää,
pitää joutua nukkumaan.
Sellainen retkipäivä.

2. Ikävä.

Minua surettaa sielusi rannan autius.
Kyyneleet kauaksi kaikonneet pois.
Tunsin rantasi autiuden.
Tyhjyyden, missä on kyyneleet?
Kuivanut pois, miksi niitä ei
ei tullutkaan ees ois.
Vaan autius tyhjyys kodittomuus.
Haavoittuvuus erämaa.

Kuivuneet kyyneleet.
Mitä tarjota tilalle vois?
Aivan kuin joutuis lapsuuden,
kodista pois.
Ravaa ravaa, runon ratsu kauas
kiitäen. Nuoruuden lapsuuden ikävä.
Hakee ajatukset kaukaa kotiaan.
Tuntee meren aavan rauhattoman.
Tuntee metsät, tien sinne.
Kaukana tuuli soi.
Niin kaukana kaukana kaikki on pois.
Läpi vuosien nuoruuden.
Jää muistosi elämään.
Kaikuna kaikuna sielussani soi.
Autius pihamaan, ja pihapuiden.
Kuuluu kuin soitto sois.
 Autius sieluni lohduttoman.
Autius kodin, totun mä ikävään.
Saapuu hiljaisuus.

3. Ilman sinua.

Eipä mitään iloa valoa ilman sinua.
Onko mitään ilman sinua suotu?
Ilon ja onnen mahdollisuutta.
Kaikki on sinussa naisen valo.
Yhtyy tuhanteen iloon.
Sitten vasta muistaa surun.
Ikävän ja kaipauksen.
Kuin lohtuna, vain tallentaa jotakin
 vaahtoavaan mereen.
Hukuttaa syksyn maljat.
Että unohtaisi tuon,
 rakkaussurun muiston.
Joka liittyy kaikkeen.
Jonka ihmismieli kätkee.
Rakkauden muiston.
Jonka eilispäivä antoi kantoi.
Sitä ei voi piilottaa pakottaa.
Tuota rakkaussurua murhetta.
Jonka elämä antaa.
Miksi pitääkin olla niin?
Että tuota yhtä ainoaa odottaa.

4. Aurinko.

Nouseva aurinko luo ensisäteitään.
Ylle nukkuvan maan.
Luo ensisäteitään, kultapilvi parhain.
Johdattaa mua varhain.
Kotihin tietenkin.
Säteet.
Joka paikkaan osuu.
Auringon säteet valollaan.
Valaisevat maailmaa.
Taivaanrantaan nousee.
Aamu yön takaa.
Yön alta kivuten.
Kultaa maiseman ja metsänrajan,
 takaa nousee ihanin.
Päivä muuten viipyis pois.
Toivoisi, että sen kultareunalla olla vois.
Aurinko joka taivaanrantaa kehystää.
Tuhansin sädesuudelmin mua suutelee.
Aamulla nousee illalla laskee taivaanrantaan.
Aurinko, joka kultaa hohdettaan.
Joka kastehelmen nurmella tavoittaa.
Niin valossaan kylpee maa.
Pimenevän yön jälkeen.
Valo hehkullaan,
 kirkastaa puut tienoot.
Aurinko osuu polulleni taipaleelle.
Niin yksinäiselle.
Mutta mikä ollessa luontoa katsellessa.

Luonnon koristellessa kaiken hehkullaan.
Kesän kukinnot herkimmät hetket.
Löydän auringosta. Josta nautin.

5. Avoin viha.

Avoin viha, käytösmalli.
Mielisairaalan potilaaksiko syntyy?
Toisten vihalle alttiiksi.
Vai omalle vihalleen?
Kun pitäisi käydä koulua. Vielä.
Vieläkö joutuu rotueroteltavaksi?
Miten vaikeata täällä onkaan.
Miten mustalaisen lapsi jaksaa?
Mistä täällä on kysymys?
Miksi on niin kauhea taistelu vallasta?
Elintilasta, missä oikeen mennään?
Miksi ihmiset ei sovi keskenään?
Kouluunko tässä päästään?
Samankaltaiseen ajatteluun koko ajan.
Kuka köyhälle on poliisi?
Kuka opettaja?
Hiukan on vaarallista olla sotainen.
Ei ole hyväksi, kun
kaksi puolta asetetaan vastakkain.
Mikä konfilikti siitä seuraa?
Miten se ylipäätään on mahdollista?
Miten se on voinut jatkua ilman ongelmia?
Nytpä ajatukseni tynkä koskettaakin.

Totaali rotusortoa.

Ovatko valkoiset siis vahvempia.
Vaikkei ole säälin rippeitäkään.
Paremmuudesta käydään muutenkin taistelua.
Niinkuin sillä pitkälle päästäisiin.
Onko siis koulun syy? Kasvattajissa.
Päättäjissä jonkun on otettava kantaa.

6. Haluasin kohdata.

Haluaisin kohdata, toisen ihmisen.
Jumalan armosta meitä on useampi.
Täällä maanpäällä. Yhdessä saamme
enemmän. Jos yksin oltaisiin.
Toisen jos kohtaa sydämeni sulaisi.
Tule vaan kohdataan.
Tule viereeni vaan.
Niin ehkä sinut saan.
Itselleni kokonaan.
Minua viet, minne johtaa tiet?
Tule vaan kohdataan.
Yhdessä ompi määränpää.
Hyvä, että ollaan yhdessä.
Kuin lyhteet kauralyhteessä.
Jos sopii tulen kanssasi.
Jaan kaiken otan syliini.

7. Romanit.

Romanit on hyljeksytty kansa.
Mikä kulkee tummissansa.
Oisko ansa? Romanit on kansa,
joka tarvii tukea.
Oikeanlaista apua.
Eikö pitäis tiedottaa?
Että mieron tie tää on loppunut.
Eikö pitäis loppua sorto tää.
Mi mieleen jää.
Kansa kansa kulkee tummissansa.
Muu kansa katsoo kummissansa.
Miksi vaan sorto jatkuu tää.
Saanko saanko milloinkaan.
Nähdä meille romaneille,
 vapaan maan?
Unohtuuko entisaikojen sorto?
Kansan mieleen painunut.
Milloin saan meille romaneille,
vapaan maan. Uskaltaa.
 Oikeuksiin tarttua.
Sen kera varttua.
Töihin tarttua.
Lapsiamme kasvattaa.
Samanarvoisena kuin muut.
Niin helposti unohtuu,
 arvet. Silti on jäänyt muistiin
romanikansan.

8. Kevätpeikkoja.

Leikkiä lyövät peikot oivat.
Anna levyn soida.
Paljon mitään ei voida.
Kevätleikkiä lyövät, tanssii
ja ilakoi. Pyörivät ja hyörivät.
Syövät mitä eteen saavat.
On niillä hassut naamat.
Kevätleikkejä peikot leikkivät.
On niillä työnä vain leikkiä.
Temmeltää kesäyönä.
Peikon poikasen näät.
Kun vaan katsot peilistä.
Älä tukista, vaan päälleni kurkista.
Nääs peikot tulevat nurkista.
Pitävät kukista.
Hauskaa niiden on turista.
Älä peikkoa leikkivää,
päälleni puhdista.
Peikot erottuu kyllä roskista.
Vaan tulevat aivan kuin postista.
Ei juo ne koskista.
Vaan tykkäävät notskista.
Peikkopojat kun tanssivat.
Aamuun asti kujeilevat.
Nään niiden leikkivän, kotia etsivän.
Ne kauaks matkaavat,
Ne kauaksi matkaavat.
Ehkei heti tule takasin.

Miten ilman niitä makaisin?
Mä huoneeni lakaisin.
Tuuletin avasin ikkunan.
Toivon että peikkolapset,
pian nähdä saan.
Eikä tartte kauaks matkustaa.

9. Ihmetellen

Miehen silmiä etsien.
Ei vallan hukassa.
Rauhoittuu ihmisen mieli.
Tuo joka ei helpolla asetu.
Tuohon honkien kätköön.
Menee ihmisen mieli.
Sinne päättyi likainen vuosi.
Haluamatta jotakin koko ajan.
Niinkuin ihmisen mieli ei muuttuisi.
Se kaipaus asettuu tähtiin.
Oli ja odotti toista ihmistä.
Kuin tekojensa tallentajaa.
Oli kuitenkin kuin kerjäläinen,
hattu kourassa.
Metsäinen maa sahalaitainen,
mustanharmaa aita.
Koivikko kutsuen tekonsa johonkin.
Eksyi metsään ihmislapsen sielu.
Kuin kotiinsa, kapinat kaipauksen
viipyen vielä tiellä, vyöllä.

Kun kylmä päivä pullistelee,
kylmät tuulet. Tulee mies ja
sulkee syliinsä. Polttaen kuin
nuotion tulella. Lämmittäen kuin
saunan lämpö. Pyyhkien kapinat pois.
Niin asettuu valo niin vähäinen.
Viipyen vähän, jääden ihmissieluun.
Mustien vihreiden, silmien kaipaus.
Jääden sieluun ja mieleen.
Yhtyen kätköön metsien.
Yhtyen yhteiseen ajatukseen.

10. Kauhut.

Kauhut mut naamioitsee.
Kerro sinä, etkö tunne minua?
Olet likainen, madot silmissäsi.
Touhuiset kesäiset,
odottavat vuoroaan.
Suru suru vaan palaa polttaa.
Kyynel kirvelee.
Olet saattanut tänne talvehtimaan.
Minä yksikseni, minne menit itse?
Sano se, kiire jonnekin pakottaa.
Kainalosta salakavalat ikävät.
Tulee luokseni. Annan niiden tulla.
Pesittyy siinä silmieni likellä.
Mitä minne pysähdyn?
On niin kiire, puhekieli

pitää jalat maassa.
Tallella puhuttu kieli.
Kun kirjoittaminen hävittää minut.
Tai kakarani pesueeni.
Mustien varjojeni liepeille,
 hajut pysähtyy.
Ihmetellen kuutamoissa.
Mistä on lähtenyt?
Matalalla toiveet ihmisen tarve.
Kipu luona siinä sitten,
 haen sinut kotiin eksyneen.

11. Katson ihmistä.

Katson ihmistä kysyen.
Väsymykseni tähden:
Minne olet matkalla?
Jos kysyn hän ei tiedä itsekään.
Jonnekin vain täytyy mennä.
Väsymykseni vuoksi,
kiirehdin suotta.
Mutta en jaksa kiirehtiä,
juosta iankaiken.
Etsin ihmistä ja maisemaa.
Mielessä kesän tuulahdus.
Ihmettely ihmisen kauneudesta.
Kynäkin painaa halkopinon verran.
Joskus pienikin homma, painaa
kun joku painavakin.

Niin ahtaat rajat.

Mieli hakee.
Kirkkaan lähteen pohjalta.
Ajatus löytyy kirkkaana.
Tai metsästä suuresta maisemasta.
Miksi on niin paljon sanoja?
Joskus löytyy järjestys, joskus ei.
Mutta jostain tein tunnelin.
Jonne valon vein niin vähän.
            Jotakin tein maiseman vein.
Kuin varkain katsoin tuota,
omenatarhaa ja kesämaisemaa.
Vielä ihmettelen, mitä sain luojaltain.
Kun monet toiveet kulki mun rinnassain.

12. Ilmapallo.

Lapsi sanoi auringolle.
Joka oli sininen.
Nyt sinä lopetat.
Minun kuvastamiseni.
Lapsi katsoi silmät kiinni.
Kuinka jollekin voi syntyä.
Mustaa ja sinistä magiaa.
Lapsi kuulosteli polkua perhosen.
Rönsyilevä pensas.
Ei sopinut kuvaan.
Itsekseen jutteleva.

Kaupungin pensas.
Ihmetteli Pelle Hermannia.
Joka vaihtoi samassa.
Nenänsä punaiseksi.
Maailman ihmeellisyyksistä.
Poika halusi syntyä.
Uudelleen etanana. Että voi.
Katsella kotilosta elokuvia.
Vaikka piti istua omassa pulpetissa.
Koulussa ihmetellen menikö.
Ilmapallo kadun yli?
Eihän se pysähdy missään.
Kun ei ollut siinä narua.
Mitä kummaa.
Hain jotain mitä ei ollut.
Lapselleni, olin itse pettyneempi.
Kuin lapsi. En käsittänyt.
Missä oli sitä jotakin.
Eikö tyytymättömyys.
Ollut opintojen äiti?
Olinko kiinalainen.
Lohikäärme lapselleni.

13. Ihmemaa.

Heräsin haluan vaipua,
yön syliin nukkua uudestaan.
Unessa uuden aamun saan.
Vielä kohdataan,

unessa rauhan saan.
Unessa ihmemaan,
toivoni haluni uuden alun saa.
Tahtoisin nukkua uudestaan.
Unen syliin nukkuvan maan.
Milloin kohdataan?
Rajalla unteni ihmemaan.
Missä toiveet toteutetaan.
Sen ilmaiseksi saan.
Tahtoo uni minut kokonaan.
Sen saan kun vaivun,
 unten syliin uudestaan.
Rajalla unten satumaan.

14. Hämärä vähän.

Valoon arkana kätketyt ajatukset.
Herätys lapsuuden laitamilla.
Valo piirittää, kesäisin
keinut varjot pidättää.
Valoa vähän, yön kylmyys viipyy.

Leuto tuuli keväisin.
Lapsuusmaisema jaksaa,
ihmisten mielissä odottaa.
Istun kuin hiljaisuuspiirissä.
Hetken ja vähän pidempään istun.
Mielellään yksin.
Siihen hetkeen jään kuin onneen.

Kuuntelen itseäni, kiire on poissa.
Maisema kertoo unelmaa.
Minulle uudestaan.
Kun jaksaa odottaa.
Kiire on poissa.
Alkaa uusi hiljaisuus.
Tietoisuus itsestäni pysähtyy.
Sitä hetkeä odotan,
kun ei kukaan häiritse.
Kuka minä olen?
Mitä minä tunnen?
Aurinko säteilee luokseni.
Valo viipyy minussa.
Valaisee päiväni.

Siihen hetkeen paljon mahtuu.
Alkaa uutta, loppuu entinen.
Koko elämäni on siinä auringossa.
Niin aistin niin tunnen.
Viipyisi tämä hetki.
Onnen oivallus.
Elämää uhkuen,
piirtyy minuun kaikki.
Jotain aavistaen, jotain saavuttaen.

15. Historiaa.

Kuiskii metsät ja
 maantie kutsuu vaeltajaa.
Hiljainen humiseva metsä.
Täytyy mennä.
Vaellusvietti jokapäiväinen.
Pyyhkii jotain osaa ihmisessä.
Silti päämäärällä ei ole väliä.
Kunhan saa mennä.
Täytyy mennä, joskus on hyvä mennä.
Joskus huono, eteenpäin menee elämä.
Historian lehdet, tästä päivästä
historiaa tehden. Kurkottaa täytyy
huomiseen. Huomista tehden.
Avaa uuden lehden.

16. Halu kaikkeen.

Varovaisesti miehen nälkä.
Naisen nälkä. Miehen halu naiseen.
Lapsen halu aikuiseen.
Nuoren halu vanhaan.
Tutun tuttuun. Vanhaan juttuun.
Varovasti ison halu pieneen.
Varovasti pojan halu tyttöön.
Varovasti ukon halu akkaan.

Varovasti kaikki lakkaa.
Alusta alkaa.
Laihan halu lihavaan.
Mustan halu valkoiseen.
Valkoisen mustaan.
Röökaaja haluaa tupakan.
Sammuttaa sen.
Sytyttää ja sammuttaa.
Joku haluaa tulla.
Joku mennä. Joku jäädä.
Jotain väsyttää.
Jotain janottaa. Jollain on nälkä.

17. Suomalainen.

Suomalainen mitä sana sisältää?
Oi Suomen maa suomalainen,
Mitä sana sisältää?
Isänmaa, koko elämä ja risat.
Mitä sana sisältää? Voiton kunniaa.
Joko on taas kisat?
Sitten huudetaan voittoa.
Ja kunniaa vaik ois kotimaa.
Niin jääköön rauhaan ihmiset.
Vaik ois kisa sinänsä.
Niin sanasta suomalainen tapellaan.
Niin usein kuulla sen saa et sinä ole,
suomalainen laisinkaan.
Vaikk' on synnyinmaa.

Niin viaton on luonto sen.
Mitä sana suomalainen sisältää?
Niin paljon, että voi tutkia koko ikänsä.
Katsoa ja tutkistella tarkastella.
Usein kun nään kauniin luonnon.
Kysynkin maisema minunkinko on?

18. Lainetta ei metsän.

Ikäväni rantojen, metsän taakse käy.
Näin pientä lainetta,
 ei metsän takaa näy.
Kun suku kaikista vahvin.
Mun luonani pysyy kauemmin.
Sitäkö pyysin luokseni jäämään?
Olemaan mun luonani ainiaan.
Vain salaa halutta minulta olla saa.

Että jaksan olla.
Hiljaa haluan surun minussa vaientaa.
Vaan vaikeneeko?
Itsekin kuin tuomiolla.
Niin syvä murhe kun koskettaa.
Koko kroppaa vapisuttaa.
Kysyen en oikein vastausta saa.
Mitä varten? Kuin tuomiolla.
Missä on muut tunteet.
Joskus antaudun, joskus en.
 Nyt en ehdi kyynelehtimään.

En näe kunnolla.
Olen surun tuomiolla.
Sen takaa näen,
 muotoni kalvakkaan.
Poiskaan en pääse.
Musta varasti, kaikki värit.
Tunteiden valtiaat,
viekää suruni pois.
Kaikki muu sallikaa.
Sallikaa tunteet ilon ja onnen.
Mihin panen tunteeni?
Hautaanko ne kaikki.
Mitä on elämä ilman niitä?
Sateenkaaren värejä.
Sinitaivasta. Auringon laskua,
joka maiseman punoo.
Ruusun hehkuun sun poskillas.

19. Jonninjoutavii

Oi synnyinmaa.
Kiitos, että saan.
Sun koskiesi töyräiden,
 luona asustaa.
Miss on synnyinmaa.
Tätä maata rakastan ainiaan.
Haluan töyräidesi koskiesi,
luona asustaa.
Sitä tahdon rakastaa.

Tahdon kuulla,
 honkiesi huokausta.
Koskiesi pauhua.
Menen minne vaan,
saan nähdä rakkaan,
 synnyinmaan.
Tässä maassa kasvoin vartuin.
Toimeen tartuin.
Täällä haluan myös elää kuolla.
Oi synnyinmaa,
onko paikkaa parempaa?
Tuskin vaan,
en tiedä paikkaa parempaa.
Kuin rakkain synnyinmaa.
Tääl on taivas sinivalkoinen.
Järvet sen,
 metsät vehreyttä kutsuen.
Hanki valkoisin,
tähdet tuikkii kirkkaammin.
Oi synnyinmaa,
 sua tahdon rakastaa.
Täällä tahdon aina asustaa.

20. Kylvä.

Kylvä sateena rakeena,
satosi minuun.
Niin minä kannan satosi,
moninkertaisena.

Helminä autuuden.
Rauha täyttää sydämeni.
Herraa kiitän poluistain.
Kiitoksen ansaitset myös sinä.
Kylvääksesi sateesi rakeesi minuun.
Niin huomenna poimimme sadon.
Moninkertaisena ajallaan.
Tuhantena satona.
Maa oli pehmeä.
Myöntyväinen.
Jätä kiireesi pois, tule luokseni.
Laskeudu minuun.
Tuhannet enkelit kiittää.
Sataa suolaista vettä.
Sade tarttuu minuun sinuun.
Itken rakkaani satosi jälkeen.
Milloin saan sen poimia?
Ajallaan ajallaan.

21. Mustat linnut.

Yön mustat linnut,
mustat siipensä suuret heittää.
Vuorten metsien maiseman ylle.
Syliin sulkevat mustilla siivillään.
Yön sylin niin synkeän.
Tähdet kuitenkin yllä taivaan.
Valaisevat yön niin mustan.
Joka aamussa aukeaa.

Harmaat valkeat kyyhkyt,
nousevat kylien ylle.
Pukevat aamun,
 valkealla harsovaipallaan.
Yö kätkeytyy niin, että aamu saa.
Kunnes ensi yönä taas.
Lentävät mustat linnut.
Mustat siipensä levittää.
Peittäen koko taivaan,
koko maan kokonaan.
On sydänyö.

22. Kaipauksen.

Kaipauksen kummut raivataan.
Täyttyvät tyhjenneet haluni sinuun.
Kipuni turhautumiseni, pelkoni kiukkuni
muuttuu. Koivikko nuori koivikko.
Laho kanto jolla voi kuitenkin levähtää.
Kipu on tuntuu, pidätän hengitystä.
Lakkaako vai alkaako?
 Mahanpohjasta jalkapohjiin
Kipu on ainaista, voi minua raihnaista.

23. Miten herätätä unesta?

Miten herätä unesta aamuisin
nukkumasta? Herätä virkystyä,
keventyä yöunien jälkeen.
En tiedä, vaikka kuinka ampiaiset
pörrää päässä. Surisee korvissa
sirisee silmissä. Unen kuvat
mielessä tunteissa.
Uupumuksen kukka antaako tietä?
Heräämiselle, odotan muutakin
tiedostamista kontrollia.
Oma elämä saada haltuun.
Menenkö ulos, vai jäänkö sisälle
nyhjöttämään?
Olen tyytymätön.
Koska koko ajan ajattelen lapsiani
itseäni. Hiljaisena arkipäivänä
odotus kietoo ihmisen. Voittaa
pitäisi, yrittää ja saavuttaa jotakin.
Mutta onko kaikki liian vaikeata?
Tallentaa pitäisi kaunis talvipäivä.
Kaunis kevätpäivä, kaikki kaunis.
Mutta ei sitä voi yksin omistaa.
Muutkin nauttivat samasta.
Kärsivät samalla tavalla.
Voimme laulaa maammelaulua rauhassa.
Hyvä kun saan katsoa, miten koululaisilla
sujuu. Tyydyn vaikka kuinka vähään.
Jotta lapseni saa kasvaa.

Elämisen arvoista elämää viettää.
Uneksikoon kauan. Eläköön rauhassa.
Oppikoon myös valvomaan toivomaan.

24. Rangaistusta.

Piinaten mieleni etsii rangaistusta.
Mua pettäneelle, mutta se on turhaa.
Tuomitsen kun minut tuomitaan.
Harkitsen välillä murhaa.
Mutta se on turhaa.
Tytöt tulkaa auttakaa.
Pojat tulkaa auttakaa.
Paljastan petoksenne.
Petoksenne kun uinuvat,
tunteet nukkuu.
Levottomana rahtilaivat ajelehtii.
Mutta mieleni laittaa ne kuriin.
Kyyhkysen lailla kujerran.
Varjo varjoni minun.
Nuori kun oon mitätön.
En silti pelkää.
Vahtina itseni kuljen.
Kaverit syliini suljen.

25. Syys.

Syksyn lehti maahan ehti.
Lehdetönnä puut talvehtii.
 Syksyn lehti, maahan ehti.
Lehdet puiden putoaa.
Maahan maatuu.
Laantuu puu taipuu.
 Lehti maahan vaipuu.
 Talvi silloin saapuu.
Tulee kaukokaipuu.
Kaukomaille moni lentää,
voi sentään. Kaukokaipuu kun yllättää.
Lentokone kiidättää.
 Syksy meille ehti. Kauas lensi lehti.
 Kumpi ompi parempi? Kauaks liidättää.
Vai kotimaahan kiidättää?

26. Tyttö pihlajan.

Iltatähti seuraa mun matkallain.
Valaisee tuikkeellaan maiseman.
Aamun sarastus jo saa.
 Kun menen nukkumaan.
Yö kirkas niin vaivun unelmiin.
Kun liian haurasta on tähtitarhassa.
Kuljen sun seurassa.

Huomaan kuiskaavani; sua rakastan.
Mikä totta onkaan. Se on tavatonta.
Yhä useampi tähti mua seuraa matkallain.
En ole yksin mun tähtitarhassa.
Kun katson silmiis sinisiin.
Niissä oppaan nään.
Näen lasten nauravat suut.
Joka honka kutsuu.
On kutsu luokses sun.
Kuin tähtitaivaan sun katsees,
pitää saan. Hiljaa itkee kyyneleitä,
tyttö pihlajan.

27. Revontulet.

Hei me matkustetaan.
Lappiin asti matkustetaan.
Porotokka kauksi kiitää vuonoille.
Jäkälät poroille.
Minä matkustin vuonoille.
Se ei sovi huonoille.
Tundralla porot asustaa.
Syövät mitä saa.
Tuntureilla on lapin maa.
Tunturilla pukki ja tontut asustaa.
Siellä on revontulien synnyinmaa.
Porotokka kun kiitää, kauksi liitää.
Tuntee talven pyryn ja pakkasen.
Jäkälät kasvaa tundralla.

Kitukasvuiset koivut sen.
Ei mene kauan hakien.
Kun jo vastaan tulee,
 tunturi puronen.
Siellä on lapin maa,
siellä haluaisin aina asustaa.
Oi oi mikä maa.
Hohoi hohoi, voi tunturella huhuilla.
Kaiku ehkä vastaa.
On tuntureilla aina melkein hämärää.
Totta on tää ja milloin revontulet näät.
Et kuole siellä ikävään.
Lunta piisaa, öisin tähtiä. Kirkaaina loistavat.
Hanken hohteen kohtaavat.
Siellä ehkä tuuli käy.
Pakkanen ja tuuli, toiveeni kuuli.
Hanget tähtiä loistaen.
Kohtaan kaiken sen.
Lumon lappien.

28. Koko totuus.

Koko totuus yön pimeys.
Laajojen sun lahtiesi autius.
Sun öisten rantojesi hiljaisuus.
Kun tuulesta honkat asettuu
ja tähdet taivaan.
Ei mulla ole mistään vaivaa.
Mutta jokin ikävä kaikertaa,

sen lintu.
Laulaa yksinäistä sävelmää.
Hiljaisuus melu poissa.
Metsiesi kutsu vapaus.
Kiipeää mieli piiloon vuortenonkaloon.
Kauaksi niin katsoen.
 Näen elämän tarkoituksen.
Nyt savipata ja lämmin liesi.
Kuka ties on paras paikka maailmassa.
Mssä on ihmisen suunta?
Sitä kysyy itseltään.
Toisinaan vastauksen saa.
Nyt mitä onkaan synnyinmaa?
Kun väliin kirotakin saa ja siunata.
Suomi siihen mahtuu,
nää ilot sekä surut. Huomisen luomisen.
Vaikka vähän väsyttää.
Aina löytyy sana tää Suomi.
Hanget puhtaat sen.
Et kulje kauan sen rantoja hakien.
Taivas yllä merten maan.
Sillä tahdon ratsastaa.
Iltasin kun huokauksin,
 huokaukset käy metsiin päin.
Vaikkei toista ihmistä näy.
 On kylmää ja pakkasta.
Oi kallis Suomen maa.
Aurinkosi purppuraa.
Käy täällä maan ja meren mainingit.
Luona sen opettajat vanhemmat.
Kaikessa rauhassa mä etsin mainetekoja.
Sykkii povessani,

vaan oi kaunis Suomen maa.
Sun puolestasi teen mitä vaan.
Sua tahdon aina rakastaa.

29. Jätkällä.

Oi pohjanmaa,sun kutsus kuulen.
 Kutsuusi vastaten.
Misson kuusten huminaa.
Metsiesi tuoksua.
Oi kallis pohjanmaa sun lakeuksillasi.
On kirkasta ja kuultavaa.
Haluan kuulla kutsun synnyinmaan.
Rantojesi hohteessa,kuun loisteessa.
Tahdon aina rakastaa.
Oi kallis pohjanmaa,
kirkasten sun vesiesi partaalla.
Tahdon janoni sammuttaa.
Oi kaliis pohjanmaa,
sinne haluan aina palata.
En voi keltään sitä salata.
Siellä rinteesi kohoaa.
Mäkiesi kumpurat.
Loivaa on ja parasta isänmaata.
En unohtaa saata.
Sinne aina matkustan uudestaan.
Nautin avarasta luonnosta.
Oi kallis pohjanmaaa ,
lakeuksien lukko.

Niinhän mainitaan.
Se on paljon enemmän,
 mitä siellä saa.
Mukaansa muistot kaunehimmat.
Rannat mainioimmat.
Maisemat jylhät.
Laajat lahdet alavimmat.

30. Iltatähti.

Iltatähti seuraa mun matkallain.
Valaisee tuikkeellaan maiseman.
Aamun sarastus jo saa.
 kun menen nukkumaan.
Yö kirkas niin vaivun unelmiin.
Kun liian haurasta on tähtitarhassa.
Kuljen sun seurassa.
Huomaan kuiskaavani; sua rakastan.
Mikä totta onkaan.Se on tavatonta.
Yhä useampi tähti mua seuraa matkallain.
En ole yksin mun tähtitarhassa.
kun katson silmiis sinisiin.
Niissä oppaan nään.
Näen lasten nauravat suut.
Joka honka kutsuu.
On kutsu luokses sun.
Kuin tähtitaivaan sun katsees,
 pitää saan .Hiljaa itkee kyyneleitä,
 tyttö pihlajan.

31. Metsän taakse

Minulla on nälkä.
Pelkään palelen.
Värjötän,säälikää minua.
Liian paljon valituksia ja
rukouksia alastomuus,
piirittyy mieleeni.Jään yksin,
katson näen koen asioita.
Sanat ja sävelet itselle.
pakkanen puree poskiini.
Sävel senkun jatkuu.
Minä kuuntelen sitä itsekseni.
pakoon en voi mennä.
Olen rakastanut,meitä.
Hämyrtyvässä yössä.
Varis raakkuu oksalla.
Osoitellen minua.
Olen todella lähdössä kouluun.
Kyyneleisin silmin pyydän.
Vie mut perille.
Toivomukseni kovenee.
Kosket pauhaa,niin etten
saa rauhaa.Virta on viedä minut.
Ei vie kavereitakaan.
Nyt olen omillani.
Mutta on kylmä.
koska olet hullu.
Sanoo sydämmeni.
Syyttäen kun en tajua jotakin.

Tuhma ja ilkeä yksinäinen.
Tuntuu ilkeältä.
Sammuvat lyhdyt.
Mitä suren?
Päämäärään haluan tulla.
Samaan piilopaikkaan.
Istua suurella mustalla kivellä.
Katsella tielle päin.
Sieltä sitten kodin näin.

32. Talvi

Pakkanen nurkissa paukkuu.
Talvi tulla tupsahtaa.
Lumi tuisku eteiseen asti.
Viima ja pakkanen ulkona.
Lumi pyryttää.
Talvi valkean vaipan levittää.
Valkean hohtoisena on maa.
Kuura sisään kurkistaa.
Talvilinnut lintulaudoillaan,
syö einestään.Hanki kuvan heijastaa.
Tähdet hohtaa.Riemu rinnan kohtaa.
Hyvä on hiihdellä pakkasella.
Kun on paljon yllä.
Porkka maata kohtaa.Hiihtäjää nostaa.
Tekee sukset ladun.
Siinä sitten talven hohteen kohtaa.
Talvi enkeleitä lähettää.

Suksijaa liidättää kiidättää.
Eteen päin ja eteen päin.
Niin on mieli raikas.
 Paljastipa talvi taikans.

33. Lukuhetki.

On lukuhetki parhain.
Mi opitaan jo varhain.
kun alkaa lukemaan.
Se on ajanvietettä,
melkein tiedetttä
parhainta.Tai jos,
 matkustaa lukemisesta
seuraa saa.
Aika kuluu lukien.
Jännitystä varmaan,
tai rakkausromaani
parhain.Romani tai novelli.
Runoja tai proosaa.
Aikakausilehtikin,
 lukemisesta käy.
Kaikki ei ole soopaa.
Parempi se on kun,
 tuijotella aina toosaa.
Lukutaito opitaan jo varhain.
Se on nautinto mitä parhain

34. Mikä tahansa suru

Odota .
Odota vaan rauhassa.
Kesäillan rauhassa.
Kun aurinko lasketuu.
Valo vähän viipyy.
Lanketellen viime säteitään.
Maiseman ylle.
Paljon ei tarvii olla yllä.
Kun kylien yllä valo viivähtää.
Hyvä on levähtää.
Onhan kesäsää.
Mitä on tää?
Kun kesäsää viivähtää kaiken yllä.
Kukat kukkii,nurmi vihannoi.
Puut ja pensaat viheriöi.
Viipyy mielellään ulkona.
pysähtyy maisemaa ihailemaan.
Siinä kaiken nään.
Hyvä on tää, hetken viivähtää
kesämaisemassa.

35. YÖ.

Yö soutaa hiljaa.
Mustaan purppuraan.
Samettisen velhon ja
kaavut konnien.
Kiire kaikilla on.
Kaikilla kauniilla naisilla.
Komeilla miehillä.
Aika kiirehtää.
Kaikki jää ajan taa.
Saa yön purppuraan.
Hämärä aamu ratsastaa.
 Hiljaa yö verhojaan raottaa.
Aamu hämärähevosellaan
ratsastaa.Aamu saa purppuraan.
Aurinko ensi säteitään.
 Luo maisemaan.
On aika herätä.
Aamu voittaa.
 Yön valoratsullaan.
  Aamu koittaa.
 Voittaa aamuruskollaan.
Se hehkullaan valaisee maisemat.
Sen hehkuun heräilen.

36. Tukkasi tuoksuu.

Tukkasi tuoksuu,
 kuin kesäiset tuomen kukat.
Petos mielessä käy.
kesäillan käräjille,
itsetunnon kanssa.
Uuvuttava rakkausero.
Pitkät välimatkat uuvuttaa.
Sammuta nuo lyhdyt eron.
Ikäväni sytytä,
 vaan ikävän lyhdyt loistamaan.
Kaipuu kun kantaa,
 kauaksi vuorten taa.
Kysyn missä on se maa,
 missä saa rakastaa?
Kaipuuni kujat tunnen ne.
Tuon hehkun ,ikävän varjon,
 kun se tielleni asttuu.
Totta kai uskon ,tottakai pelkään.
Mutta lopulta kaikki tiet vie sinne,.
Missä ihmisen ikävä.
Kaipuun ainaisen ikävän.
Annan nyt luoksesi tulla.
Rakkaus kysyen pysyy .
Ihmismielessä aina.

37. Runoo ja rokkii

Mihin menisi häpeätänsä.
Niin ei mihinkään pääse.
Joku jo yllättää ihmisen sielläkin.
Runoo ja rokkii. Kaikuu joka soppi.
Pojan tutkiva katse,teiloo minut.
Vaaleneva aamu valehtelee.
Sattumalta olen oikeassa.
Kaikki on runoo,kalpeneva
mieleni hakee lohdutusta.
Kipunoi kirjoitukseni.
kimaltaa kukan lailla.
Kankastaa dyynien etäisyydellä.
Korkealla aurinko paistaa.
Häpeäni hukkuu yöhön.
Niinkuin valheenikin.
Sitä ei ole,eikä sen ole väliäkään.
Unet vastaa kysymyksiin.
Kiemurainen maantie kutsuu.
Pimeät haudat ,etsivät vastauksia.
En luota keneenkään.
Kivinen on tieni.
Sinipunaiset värit häpeää,
valkoisia hankija.
Kaikesta on jälki jäänyt.
En ole yksin .
Riennän jonnekin.
Haen jotakin,en tiedä mitä.
Kirkkaana ajatus,

peilautuu päähäni.
Minussa on kaikki.
Ei ole muuta totuutta,
 kuin minä itse..
Lankeava totuus avatuu.
Antaen tilaa,nyt on aihetta
löytöretkiin seikkailuun.
kaikki on ennen koettua.
Muutkin jotain käsittää.
Kokee ja on kokenut.
Vanhenevat käy rumemmiksi.
Likaisemmiksi,
haettu rakkaus inhottaa.
Seksi vanhenen vaan .
Olen jo syntymässäni,
vanha ollut.
Hiljainen metsätie,
 odottaa kulkijaa.
Aina samanlaisena.
Ivallinen lika,
 tarjoaa sopuratkaisua
 väsyneenä tuntoani
Itku kuroo kokoon sydänsurua.
Kärpäsen perhosen,
 eksyneen lailla.
Etsii lentoa niin hentoa.
En nyt sitä kiellä.
Yö suojaa sijani,
 matalan korkean..
Jään metsän varjoon ,
 ,hakemaan kultaani.
Sinistäni punaistani.

38. Muistot nuoruuden.

Muistot nuoruuden.
Palaa uudelleen mieleen.
Mikä on entisaikojen takana?
Muistot kalliit nuo.
Palaan muistojeni luo.
Ne hyvän mielen tuo.
Laulut hyräillen.
Muistan entiaikojen iskelmää.
Sen sävel mieleen jäi.
Muistan entistä ystävää.
Kaiholla mielellä.
Aidolla taidolla.
Tehtyä iskelmää.
Ne entisajat mieleen tuo.
Muistot suo..
Kultaisia hetkiä sen ihania
retkiä. Aika kultaa,
kultaa muistot nuo.
Ne lohdun suo.
Nyt on uudet iskelmät.
Ne usein vaihtuvat.
Mielestä haihtuvat.
Ei niillä ole samanlaista,
merkitystä kun muistoni suo.
Entisaikojen iskelmät suo.
Saavun niiden luo.

39. Pää pilvissä käyden.

kevyt taakka hartiolla.
Ilo iso olkapäillä.
Pakaroissa painon lasti.
Kilot kaikki kantapäissä.
Ilot ite ihmisessä.
Tunto sarvet ohimoissa.
Tutka korvien välissä.
Taito sormenpäissä.
Äly itse ihmisessä.

Löysin hänet murehtimasta.
Ison koivun juurelta.
Koivun kaadetun.
Maan maadutetun.
Suru suuri,murhe musta.
Silti täynnä onnen odotusta.

Älä sure tyttöni pieni.
Painavia aattehia.
Kyllä iloksi muuttuu.
Murhe suuri karkottuupi.
Isommaksi iloksi, oloksi hyväksi.
Sopiva on päivän lasti.
Muuten murheesi ulottuu.
Taivahaseen asti.

Pian muuttuu tahti.
Ehkä paremmaksi.

Seon ilon mahti.
Että surut haihtuu nopeasti.
Iloitse siis tyttö nuori.
Elämästä kyllä suorit.
Ota allesi tuoli.

Mitä mietit syntyjä syviä.
Murehdit turhia.
Surut yltää taivaaseen asti.
Unohda jo surut,kyllä suorit.
Jos vähän lohduttaa.
Et ole ainoa joka murehtii.
Unohda jo tyttö nuori.
Kaikenmaailman huoli.

40. Tummat nuo tuulet.

Tummat nuo tuulet taivahan.
Tähtien luota palaava Etst.
. Löydänkö luokse tummien?
Tummien tie tuttu tiedän sen.
Vaan maa on tuntematon.
Tummat nuo tietään kulkevat.
Pois muut sulkevat.
Yksin he kulkevat.
Syliinsä lapsen sulkevat.
Kyliin kulkevat.
Jos vaan kaupaksi saa,

mitä talossa tarvitaan.
Harvemmin ei saa kaupaksi mitään.
.kauppa se paikkansa pitää.
Tummat nuo tietään kulkevat
Varkaita ,ja rosvoja perään huudetaan.
Ei tänne ainakaan.
Vaikka on lainaa elämä vaan.
Niin on vaikea tummat kohdata.
Harvemmin toivotaan:
tulkaa takasin uudestaan.
Menkää matkoihinne vaan.
Niin usein toitotetaan.
Mitä romanikansa tästä tuumaa?
Ei ole kahvi kuumaa.
Minkäs sille mahtaakaan.
Kun tyytyä hiljaa osaansa vaan.
Sillä romanit usein vaikenevat.
Oman kansan parissa viihtyen.
Tänne en tule uudestaan.
Maantielle menevät vaan.
Missä on se maa olla vapaana.
Luonnon helmasta nauttia.
Se on osa romaniihmisen.
Ei hullummalta kuulosta se.
Miten talvipakkasella?
Tosi kylmä olla taivas alla.
Säälikää ihmisparkoja.
Niin rohkeita ja arkoja.
Misson lohtu ja paikka ihmisen ?
Jossain täytyy olla,tiedän sen.
Tummat nuo tuulet taivahan.
Heitä seuraavat,

Tummat nuo tähdet taivahan.
Kykien yllä kulkevat.
Siellä missä tummat vaeltavat.

41. Yhdyn sinuun.

Yhdyn sinun suruusi.
Yhdyn sinun iloosi.
Yhdyn sinun arkeen juhlaan.
Yhdyn sun tuskaasi.
Yhdyn sun lempeesi.
Epäröintiin,
 epäsäännöllisyytteesi.
Uneesi uniisi arkeen.
Elän sun kanssa.
Tämän onnemme,
 hetken pienen verran.
Missä viipyy avaruus.
Niin yhä muistan ..:
kun kurkotimme tähtiin.
Hetken kuljimme,
kohti onneamme..
Tämän onnemme
 tallensimme.
kylmät nuo tuulet taivahan.
Tähtien luota palaavat.
Näin jäätyvät polkumme.
Huntuna hallan ja pyryn.
Tiellemme heitti,

lumiverhon valkoisen.
Miten liesi lämpiäisi.
Miten taivaan valo palaisi.
Noissa sun asunnoissa.
Miten tähdet kylmät,
kuitenkin toivoa antaa.
Valon kotiin kantaa.

42. Noidan siima.

sataa.
talvinen postikortti.

Valkea sammakko seuraa minua.
Suvinen jano, tien laitaan asettui.
Mustasta muuttui valkoiseksi kai.
Tien varteen asettui,
 talvinen postikortti
Lumimaisema vallan saa.
Tuo unen portti,
 minut haluaa valloittaa.
Sininen tähtiyö niin kylmä yö.
On talvinen postikortti.
Maisema pitelee,
ja talviset eläimet puhelee.
Voin kuulla ne,on pitkä matka.
Joku talvinen
 tienkulkija samanlainen.
 Mun kanssa luontoon soveltuu.

Äiti kuiskii huokaa,
kunhan varjosi varjoni jää yöhön.
Peläten paleltumista.
Paikoilleen jäämistä,
talvisen tuulen teille.
Peläten talven hallaa.
Johonkn lumiseen maisemaan.
Puunrunkoon kiven koloon jääden.
Talviseen tien varteen.
Jään ikkunaan jääden peläten,
kuin ikkunaan routaan,
 iki jään asettumaan.
Voi sinä ihmislapsi.
Lailla porojen,
 kiitäisit lappiin asti.
Kunhan pääsis revontulille asti.
Päivää paistattamaan.
Kunhan ei jäätyisi poroksi.
Liian hauraana metsäpolulle.
 Mutta niin kylmä tähti,
tavoittaa polun kaidan tien laidan.
Mihin asettuu aamukiire.?
Unen tähdet ,
varressaan punaiset puolukat.
Punaposket tyttösten.
Talviset mustikat herää.
Nukkumatin sulkiin.
kylmä punnitsee noidan siiman.
Talvi tutkii talviset tavarat.

43. Omenapuut.

Hiljaa nousen.

Hautaan haluni, lähteeni.
Ne uinuvat minussa.
Odottaen alati kaivaten.
Kuin kätkee omenapuut aita.
Vierelläni kulkee toive hiljainen.
Odottaen koska saa nähdä.
Koska tilaisuuden.
Ei koskaan ole liian myöhäistä.
Ei koskaan liian aikaista herätä.
Oikein ihmittelen ,miksi:
Haluni toiveeni jää odottamaan.
 Rehellisyyden takana,
kukkii.Kaihoni minut kauksi kuljettain.
Rajan taakse rajan luokse.
Äärettömyys kutsuen.
Minkä kipinä sytyttää,sammuttaa
minussa.
kulkien vierelläni edelläni.
Minä olen omenapuu.
Haluni vie minua.
Mutta ei tarpeeksi kauksi.
Omenapuut on tuossa.
Missä katson,vaikken katsoisi.
Niin moni asia on piilossa.
Niitä ei näe.

44. Romaneja.

Romaneita tummissansa

Romanit kun kulkee kylien yllä.
Mtä heillä on yllä?
Mieleen painuvaa on tää.
Tummat vaatteet on yllä.
Kulkevat yhä. On arki tai pyhä.
Sanon kyllä,tunnetaan.
Tielle talutetaan.
Pois karkotetaan.
Tielle vaan niinkuin ,ennenkin
    Niinkuin ei muuta paikkaa olisikaan.
Missä on romanien maa?
Ei sellaista maata olekaan.
Vaan vieroksuntaa koetaan.
Se on varmaan totta.
Se on itse koettua.
Romanit on huonomaineisia.
Ei siis sijaa valtaväestön joukkoon.
En ota valtaa en.
 Vaan yritän kuulua joukkohon.
N iin tummilla kun vaaleilla on haaveita.
Niin erilaisia vaan.
Jumala loi omaksi kuvakseen ihmisen.
En usko ,että erottelee tummia ja vaaleita.
Niin sanottuja kaaleita.
Ei taivaassa sorretakaan.
Entäpä nyt olen eksynyt.

Maanpäällä jatkuu yhä.
Sorto ikuinen,totun siihen taikka en.
Etsin maata romani ihmisen.

45. Kuun silta.

Kuun silta joka ikinen ilta.
Sumuinen kuu paistaa.
Hämärä tienoot peittää.
Kankistelee katse, kylmästä
jääden.
Ehkä johonkin kaukaisuuteen.
Lämmön ja linnut aurinkon jo
luulin unohtuneen.
Niin uinuu lemmenleikki.
Siellä jossain ihmismielen tiellä.
Rakkauden leikit.
Niin uinuu petos ihmismielen tiellä.
Vaan pimeään iltaan.
Pakkaset nurkissa paukuttaa.
 Kuitenkin tekee sillan.
Niin pimeään iltaan.
Kostean kauniit puut.
Uudestaan pakkanen huurtuu.
Jäätyy maa , siinä kuvasi nään.
Katsoin tarkkaan mihin astuin.
Ettei kastuis ja palelis.
Ettei varjoon tarttuis.

Toveri vaan näkymätön näkyvä.
Vaan tarjoten ruusun punaisen
lehden .Niin valkean taivaan alla.
On kaikkialla, sinivihreä ruskea.
 Musta monivivahteinen,
hauras jään kukka.
Puun lehtiin takertuu.
Väreillen väristen ihmiskroppa.
Palellen talven kylmästä.
Niin vähän toivoo.
Määräpää jo häämöttää.

46. Tuuli itkee.

Mitä se tuuli itkee?
Kadotettuja päiviä,valvottuja öitä.
Jolloin itkin,mitä se tuuli itkee?
Kadotettua nuoruuttaan.
Jolloin oltiin ylpeitä ja yksin.
Mitä se tuuli itkee?Kadonneita satuja.
Menetettyjä elämän tarinoita.
Kadonnutta metsää ja peltoja .
Kun minä tuota kaikkea itkin.
Mitä minä itkin?Kadonnutta onneani.
Kun syksy kutoo verkon hallaisen .
Maiseman ylle.Saaste leviää ,
mitä se tuuli itkee?Yksinäistä ihm,istä.
Lapsia nuoria keskiikäisiä vanhoja .
Ihmisiä unohdettuja.Sitä se tuuli itkee,

yksinäisyyttään.
 kun ei tiedä palaako onni milloinkaan ?
Tuuli kerää roskia, risuja ja puiden oksia.
Miksi pellot pantiin pakettiin?
Miksi metsät hakattiin?
Hakee tuuli yksinäistä ajattelijaa.
Mitä se tuuli itkee.?
Kadonnutta nuoruuttaaan.
Kadonnutta onneaan.
Valvottuja öitä,kadonneita satuja tarinoita.
Itkee lapsia nuoria keskiikäisiä vanhoja .
Yksinäisiä ihmisiä. Jotka yksin itkee illoin .
Toivoen parempaa huomista.

47. Lauluruno ruusutarha.

Niin mä kuljin ruusupolkua pitkin.
yksinäni itkien, itkin kadotettua onneani.
Pian kuitenkin sä olit rinnallani.
Millä hinnalla.Aatokset hienot jalot pinnalla.
Poimit mulle ruusun kaunehimman.
Kun joku oli ruusut taittanut.
Nuo ruusut kukat kaunehimmat.
Ruusun kauniin pidin rinnallain.
Vaan terälehdet,
 on aikaa sitten varisseet.
Vaan unelmat ei oo karisseet.
Vaan muisto niiden säilyy.
Ei sitä pitää saa iankaiken omanaan.

Kuitenkin sun kuvas kaunehimman.
Kannan ainiaan, se pysyy vuosia.
Aina kestää vaan.
Eikä muistos kuihdu milloinkaan.

48. Puiden lehtiä.

Rakkaus vaatii.

Rakkaus vaatii yhä enemmän
ja enemmän tilaa.
Huutaa sisälläni vapautusta.
Korventaa jäytää sydäntäni.
Jäytää sieluani,ikävä asettuu
kuitenkin johonkin.
Kuinka eksyksissä kuinka
tallessa?Sitä onkaan.
Mitä pitäisi tehdä?
Että helpottaisi.
Piiloutuu jonnekin rakkaus.
Syrjään jääden.
Haen sen takasin.
Ansaitsen rakkauden.
Pysytellen jossakin piilossa.
Rakastetultani minulta.
Löydän sen.Hakien tiedän sen.

49. Yö, musta sen keidas.

Pyhä uni yön musta sen keidas.
Suo levon rauhan antaumuksen.
Rauhan jälkeen uupumuksen.
Kuiskaa ihmismielen levon ,
Kukkas kedon.
Mun vuoro ,unen vuoro .
Kiire jonnekin jää.
Uni saapuu ihanalla ratsullaan.
Mua noutamaan.
Pyhän onnen tarjoaa.
Nyt juonkin unijuomaa .
Ah köyhälle näin suokaa.
Nään unta onnesta rakkaudesta.
Joista kertovat vain sadut.
Unen salat aukeaa.
Mieli on niin raukee, niin unet laukee.
Kaikista ansoistansa .
Varjoihin pelot poistuu jonnekin .
Anna niiden mennä.
Unten maahan lennä.

50. Piiat ja renkit.

Piiat ja renkit aitassa makaa.
Piiat on paksuna tavan takaa.
Pian piioilla paikat frakaa.
Lapsia monta jo on.
Osa on jäänyt piilohon.
Aitassa ahdasta on.
Mahdu ei kaikki.
Sanoo kaikki.

Piiat ja renkit ja lapset,
 aitassa makaa.
Kohta paikatkin frakaa.
Niin petaa kun makaa.

Piiat ja renkit aitassa makaa.
Sopua löytyy,
löytyiskö jokin soppi.
Vai tuliko piialle stoppi.

Lapsia aitassa on monen monta.
Melua itkua ,ravaamista.
Ei ole lapsilla missään paikkaa.

Osan täytyy olla ulkosalla.
Niin sanoo Milla ja Malla
Osa lapsista on jo maailmalla.
Sopisko vielä Musta katti.
Näin sanoo meidän Matti.

Kiire on kiire hoppu.
Tämä on tarinan loppu.

51. Pojat.

Mielin määrin pojat uneksuu.
Asuu pajun varsillla.
Juoden ahneesti juuriltansa.
Keräten voimaa uudestansa.
Vanhat naiset kytee vihaa.
Hiljaisuus saamattomuus.
Uupunut renki etsii isäntää.
Väsynyt vaeltaja, etsii koiralle kupin.
Kuutamo sinitaivas tähdet.
Kevättalviset lätäköt.
 Pajut kasvaa,
 versosta täyteen pituuteensa.
Niin pojatkin.
 Antaa täyden kukintonsa,
niin pojatkin.

52. Me uneksimme.

Me uneksimme, sitä olemme.
Toivossa kevään herään,
aina uudestaan.
Sen kiinni saan tähdenlennon
hennon.
Mi taivahalla mennen,
minut tavoittaa.
Taivahalla tähti öinen sumu.
Sineen taivaan kurkottaa.
Kuu menee,
 pilven taa nukkumaan.
Toiveet lähti kaukomaille asti.
Tuo takasin kallis lasti.
Toivossa on hyvä elää.
Toivottavasti siihen herään.
Minne matka?Tyttöni poloinen.
Olet niin surullisen oloinen.
Iloks kyllä kaikki vaihtuu.
Surusi huolesi sun kyllä haihtuu.
Kohta kohdataan.
Sitten riemuitaan.

53. Näin unta.

Näin unta kauneinta.
Että sinä oli mun rinnalla.
Kun heräsin,
oli se unta kauneinta vaan.
Sinun muistoasi kannann iäti.
Unohtaa en voi milloinkaan.
Kun sinä olit mun rinnalla.
Sun kuvaasi katselen,
 sinua kaipailen.
Niin kuitenkin ei palaa entisaika tuo.
Kun saavuit minun luo.

Niin lohdutonna kuljen nyt.
Olen melkein eksynyt.
Sillä muistoissani kaipaan sinua.
Kaipaatko sinä koskaan minua

Vastausta saa mä en.
Olet mennyt pois,
kauaks kadoten.
Tule vielä luokseni.
Sun vuokses itkin ja taistelin.
Oi tule vielä kerran.
Voi etkö sä tule milloinkaan.

54. Rahapula.

Loukussa loukussa.
Rahakoukussa.
Rahat on loppunnut.
Tupakat loppu.
Niin, että lorun loppu on tässä.
Käyn vähän kävelemässä.
Loukussa koukussa,ilman rahaa jäin.
Miten tässä kävi näin.?
Olen allapäin.
Pahoilla mielin.
Kun ei rahaa näy.
Sehän ei käy.!
Jostain on saatava rahaa.
Mutta rahaa ei ole kellään.
Että antais lainaks mulle.
Maksan kyllä takaisin.
Sen takaisin.
Minkä lainaan,
Aina olen maksanut takaisin.
Olen allapäin ,ei kellään ole lainata.
Loppukuu,kellään ei ole rahaa.
Lainaksikaan.
Mistä minä nyt saan tupakkaa?
En tiedä ollenkaan.
Mistä lainata saa,
 muutamaksi päiväksi vaan.

55. Raikkaita ratkaisuja.

Päämäärä.

Päämäärää ei oikeastaan tarvinnutkaan.
Mihin nuo unelmat onnesta meni?
Päämäärä tuli pakottamatta.
Jossain erilaista, kevyttä unenomaista.
Piirittävää valtaavaa ihmisen ottavaa.
Mitä nyt perhekin vaatisi.
Huomiota aina sehän sille kuuluikin.
Joskin jäi vapaa aikaakin.
Omiin unelmiin aikaa.
Raikkaita ratkaisuja sai odottaa.
Hiljaa kitkutellen tuli ja meni ne
ratkaisut. Kaikella oli paikkansa,
ihmismielessä.
Joka oli syvärin kaltainen.
Hienoa oli nousta sieltä.
Olla henkissä, rakastettu
 muistettu huolehdittu kaivattu.
Mies nosti ylös itsetunnon.
Josta se lähteen tavalla nousi.
Tulivuoren lailla hiljaa pulputen.
Nousten kun kyyneleet poskilla kuivi.
Itsetunto kuin pellon ojista.
Hakien suojaa kuin paikassa.
kuin kytevä nuotio.
Nousi sieltä kuin orastava vilja.
Joka ajallaan nousee.

kyyneleet ja kaipaus.
Myrskyn tavoin rakkaus uuvuttaa.
Tosin mielen tuli saada vaihtua.
Ylös piti nousta ojasta ja allikosta.
Tarttee saada silmät auki,
 kun kissanpennulla konsanaan.
Tiedostaa avata porttinsa maailmalle.
Ettei kaikki kulkisi ohi,
kuin ladon ovesta vaan.

56. Puu pinnasta.

Laulaa linnut kuorossa.

Laulaa vuorossa, laulaa kuorossa.
Laulaa mäessä linnut.
Soi vuorossa,
mun rinnassa kevät pinnassa.
Mun rinnassa kevätpurot,
kutsuen soi.kyllä kuulen jo,
näen jo kuinka kevätpurot soi.
Sun rinnassa kuin puunpinnassa.
Sävel kevätpurona soi.
Mies kuuletko kun naisen rinnassa.
Sävel mun rinnassa soi.
Mies naiselle,nainen katso mun rintaan.
Älä vaan puun pintaan.
Katso tunnetko, kun puun pinnasta.
Mun rinnasta sävel kaihoten soi.

57. Synkät vedet.

Siis punavalkoinen päivänvalo,
saako kunniansa.
Herrojen mentyä kaikki on hiljaa.
Maamies kyntää ja kylvää.
Maamies kävelee pellollansa.
Muina miehinä ikään.
Synkät vedet,
 mielen laakeripuun lehdet.
Puunlehteni yllä.
palo lyhtyni nyt syksyn.
Pimeinä iltoina oli valoni.
Sen jälkeen en ole sitä löytänyt.
Ehkä tuokiot nuo kun yksin jäin.
Kuormani on täynnä painava.
Lyhtyjen pimenneiden   yllä .
Pimeä loiste syksyilloin.
Valaise herra polkuni valoon.
On niin synkeä yönsyli.
Hellä sois laulussa kellä.
Oma armas synnyinmaa.
Metsiesi kuusiesi tuoksussa,
niin lohduttavaa,
Aurinkossa niin nuori mun mieli.
Tuulahdus tuulen kuulen.
Laulavan,hiljaisuus niin vaatimaton

58. Poika.

Helmassa äitinsä uupuneena.
Päästäkseen sen rauhaan.
Joka on vanhempansa.
Sen saaren rauhaan,joka on koti.
Lähteäkseen uudeleen,
 etsimään onneaan.
Ehkä tuloksetta.
Mutta kuitenkin yrittämään.
Halusi ilman sanojakin.
Ilman suuria tekoja kelvata.
Kohdatakseen kipunsa itsessään.
Sen kivun, joka on elämä itse.
Siinä vanhemmat yrittää auttaa.
Kiire kiire mennä karkuun,
 omaa pelkoaan.
Kuin tuli kantapäillä.
Polttaa polttaa iva,
 kuumeinen häpeä.
Tuosta kiirestä lähteen.
Luokse hakeutuu.
Kahvipöytään asettuu.
Juokse juokse,
 pientä punaista hiirtä karkuun.
Sen himoa halua kiihkoa.
Joka on ihmisessä silti,halusi tai ei.
Anna sen olla ,
uteliaana vieressä vartoo.
Taistella taistella,

loputtomasti soturihiiri.
Omien tarpeiden viihdyttäjää.
Keksi konnuuksia,
jäljet peittääkssen.
Siihen kiinni jääneenä .
Mihin on syntynyt.
Vanhempiensa välistä lähtenyt.
Kuitenkin tuntien itsensä,
 vanhaksi väsyneeksi.
Unohti alkuperäisen halunsa,
kiimansa halunsa vanhempiin.

59. Tuuli kuljettaa.

tuuli kuljettaa puiden lehtiä.
Almanakka näyttää pörriä.
Akka antoi tarjosi .
Itkin menetettyä nuoruuttani.
kuvittelin, niin tuossa möhkäleessä
oli kaikki tallella.Nuoruuden päivien loisto.
Märttirius, kuiske työmme halu.
Entistä ehompana.
Olin lähtenyt kirjainten perään.
Joista sitten yhdistin sanoja.
Sanoja joista pukeutuu toive.
Oli kipeänä vatsa.
En tiennyt miten täyteläisyyttään purkaisi.
Paksuuttaan ympäripyöreyttään purkaisi.
Tyttö kulki sateessa .Sateen ryöpytessä

ikkunoille ja räystäille.
Nallekarhun lukiessa läksyjään kotona.
Ikävissään ja yksinään .Huone odotti siivoojaa.
Päivä kirkastuisi vielä.
Yksinäinen nalle piti ovea kiinni.
Syksyn sateet saapuivat.
Kylmä ja vetoisaa .Sillä oli työ ja tuska siinä.
Nallen taivaaseen pääsisi .
Nalle katseli tuttuja.Piti paikkaa meille.
Kukapa uskoisi ,naapurit oilisi sen omineet.
Jos olisi tohtineet.
Pelkäsin .että se joutuisi pulaan.
Et sinä laita meidän nallea pulaan .
Sanoin isälle .Tänään on erikoisen tuulista.
Nalle on kylässä.
Mutta ei ketään kotona.
Niinpä se yksin palelee ,
aivan tolkuttomasti.
Tarjosin sille teetä.
Kun se oli niin yksinäinen.
Mutta olet niin märkä,
ettei tee maistu.
Lämmitän sitten maidon.
Nalle oli kulkenut pitkän matkan.
Meidän äiti taisi sen hakea.
Kun se tykkää meidän äidistä.
Joka oli yksin kotona taisi viihtyä
vai viihtyikö?
Keltaiset syksyn   lehdet, kun
kun tuulikuljettaa saa rahaa.
Punaisia kun kuljettaa saa mitä
itse keksii.Nalle tuli kuivaks.

Oli onnellinen.
Koki rakkautta, mitä se semmonen
sitten on ?Pikkukakkosen posti.

60. Kukka kaunein.

Kukka kaunein,
kastepisara terälehdillään.
Sen kerran poimin,
 kauneimman kukan.
   Mua varten vaan oli kasvanut.
Mua varten vaan oli kasvanut.
Sen vuoksi olin mä sen taittanut.
Kukkamaljakkoon laittanut.
Istuin nurmella tänään,
 aurinkon lämmittämään.
Niin vihantaa on kesäisin.
Sen vuoksi luokses kaipasin.
Oi kesä tule tule vielä kerran.
Niin kukan toisen saan kasvamaan.
Sen kukan ystävyyden.
Ois muuten joku sen taittanut.
Tai halla palelluttanut vaan.
Niin kaunis kukka on,
 tuo ruusun kukka.
Terälehdet sen kasvaen.
Kastehelmi kirkkain,
 on terälehdillään.
Sen kerran poimin,

olin niin yksinään.

Tuo kaunein kukka on kukka ystävyyden.
Sen lahjaks luonnolta mä sain.
Sitä vaalin kai.
Se on muistoissain.
Sitä vaalin kai.
Se on muisto sinusta .
Ystävä kallehin.
Ruusu kaunehin.

61. Riita.

Riidan saa aikaiseksi,
mistä vaan tahdotaan.
Jos on kaks niin yks kaks,
pannaan riidaks.
On osapuolet eri mieltä asiosta.
Kuuntele he eivät,toisen jorinoita.
Vaan pitävät kannastaan kiinni.
Siispä siis toisesta viis.
Joskus yrittävät sopia.
Torinoitaan,mutta on
matkassa paljon lovia.
Ei ala he sopia.
Vai kyllästyttääkö?
Voi virkistyvät vain.
Riidellään kiistelään.
Ollaan eri mieltä.

Niinkuin on mielipitetä.
Tehdään sovinto.
Se sovinto riidan jälkeen piti.

62. Rikoksia.

Rikoksia on tullut tehtyä.
Ehkä siksi jouduin vankilaan.
Siellä on moni muukin.
Rankaistusta kärsimässä.
Vankila käy opetuksesta.
Ehkä lopetuksesta rikosten.
Kuka mistäkin,erilaisia tuomioita
istutaan.Harvemmin joutuu,
syyttä vankilaan.
Ei ole hyvä paikka se.
Kun lukon takana,joutuu olemaan.
Mies tai nainen,
niin erilainen jokainen.
Käy tiensä loppuun, rankaistuksen.
Tiedän sen. Missä olis se tie,
 unohduksen?
Uuden alun saanko?
Taasko joudun vankilaan?
Näin minut tuomitaan,
 uudestaan ja uudestaan.
Kunnes rankaistuksesta opitaan.
Sovittaan ei enään.
Kaidalla polulla kuljen.

Oman rakkaan syliin suljen.
Jäi sinne kaltereiden taa,
 moni vieläkin.Perhe odottaa,
monta tiedän sen.
En sinne katso kaihoten.
Moni ei pysy tolkussaan.
Kun menee vankilaan.
Tuomiota kärsitään,
en tahdo yhtään enempää.
Tää viimeiseksi kerraksi jää.
En enää mene vankilaan.
Vaan sulkeutuu häkki.
Luvan kanssa ulos astutaan.
Tervetuloa raitis ilma.
Oottaa kulkijaa omakoti.
Monella ei kotia laisinkaan.
Taas rikoksia tehden,
avaa tututun lehden.
On vankila jo tuttu paikka.
Monen turvapaikka.

63. Mitä tänään syötäisiin?

Myötäjäisiä vyötiäisiä.
Sammakoita heinäsirkkoja.
Muurahaisia hyttysiä.

Mitä tänään syötäisiin?
Kikkaroita kakkaroita.

Sianmakkaroita.
Sorkkia kärsiä saparoita.
Kaikkea mitä löytyy siasta.
Siankylkee,ei voi päälle sylkee.

Mitä tänään syötäisiin?
Leipää ja voita,silakoita.
Perunaa ja kirnupiimää.
Sammakoita hyöteisiä.
Joita syödään ulkomailla.

Mitä tänään syötäsiin?
Ohiammuttua sorsaa.
Hauen posauksia.
Jäniksen jälkiä.
Mitä tänään syötäisiin?
Vyötiäisiä, sammakoita
 kinkkua perunoita ja voita.
Mikään niitä ei voita.-.

Koeta vaikka itsekin.-
Syö itses kylläiseksi.
Ilman seksii,paradoksii.
Ruoka maittaa kyllä.
Ei haittaa vaikkei
olis mitään yllä.
Tee ruuille vaan tilaa.
Se ei mitään pilaa.

64. Kunnian kentät.

Meren maininkit.

Meren mainikit,
 merestä rantaan kohoten.
Kohti taivaanrantaa,siintävi veet.
Kohti taivaan rantaa ,ulappa aukee.
Minne meet.?
Meren maininkit.
Siel missä on välkkyvät veet.
Kesäpäivä niin raukee.
Rannalla väsymys laukee.
Kohti merta päin.
Johti polkuni tuo.
Se mahdollisuudezn uida suo.
Kohti taivanrantaa,
 missä välkkyvät veet.
Sinne meen,misson aaltojen
harjanteet.
Niin ylhäänä meri kuohuaa.
Sen laineille lähden.
Ei kauniimpaa kuin meri.
Kun uida siinä saa.
Vesi kannattaa,
pilviin asti laineet käy.
Maata ei näy,sehän ei käy.
Uin kohti rantaa,
ja taas kohti ulappaa.
Vartalo laineista kohoten.

Meressä lohdun saa.
Se murheita kannattaa
Yksin merestä nauttien ,tunnen
vapauden. Aallon harjalle kun kiipeän.
Nään taivaanrannan taa.
Siellä metsä odottaa ,myös kulkijaa.'
Sen tuoksussa saa olla rauhassa.
Kesäillan lauhassa.
Meren mainikit, rantaa etsien.
Melkein pilviin kohoten,
 laineilla aaltojen ratsastan.

65. Prinssi.

kuin unessa soutais pilvien ja
vuorten taa.
Kun satuprinssi noutais.
Mua noutais unten onnelaan.

On prissi uljas soutanut,
mut unten maahan noutanut,
Ihanalla valkealla ratsullaan.

On uni saapunut rannan poukamaan.
Prissi saapunut noutamaan.
Unteni onnelaan.

Nyt soudan unten maahan päin.
Arvaa mitä mä näin?

Sen prinssin uljaan sadun maan.

Olen ihanaa unta nähnyt ma.
On ihana prinssi.
Uskomaan mut saattanut.
Kotimaahan saattanut.

On ihana torppa mulla.
Saa sinne kaikki tulla.
On saanut minut uskomaan.
On mulla ihana synnyinmaa.
Sinne haluan matkustaa.
Luokse sadun prinssin.
Luokse sadun ihmemaan.
Aina kotiin saattanut.
Mua kantanut paljon antanut.

66. Liekki sydänten.

On lemmen leikki sydänten.
Ikuinen tuli palaa sydänten.
Kun rinnakkain he käyvät.
Haluavat olla kahden.
Uida yli lahden.
Niin vihantaa on kesäisin.
Lemmenleikki etsien.
Rauhaisaa paikkaa.
Olla kahden.
Aurinko vielä lämmittää.

Ei ole enää talven jää.
Vaan kevät sää.
Piiloutuu maailmalta.
Kaikki kahden,
 näyttää kauniimmalta.
Tämän kauniin sinitaivaan alla.
Laulaa silloin voi:Rallatiralla.
Kaikki on mahdollista sinitaivaan alla.
Luonto kukoistaa.
Itsensä kukkasin koristaa.
Ihanaa niin, vaivun ekstaasiin.
Kaiken suon mä sulle,.
Kauan kaivatulle.
Rakastetulle omistan mä kaiken.
Hiljaa sydän vartoo ja etsii.
Löytääkö ystäväänsä mistään?
Kesäisiltä niityiltä.
Tuoksuessa tuomien.
Seassa ruusujen.
Seassa nurmien.
Katveessa koivupuun.
Löytää tien luo rakkaansa.
Sillä on matkalla.
Yhäkin etsien.
On hohde lemmenliekki rakkaani.
Se tuli palaa.Tiedän sen.
Neuvon tien rakkaalleni..
Seassa ruusujen ,liljojen,keijujen.
Luokseni palaa.
Yli laakson vuorten rinteiden.
Hän minut löytää.
Luota ruusupensaiden,purojen niittyjen.

Katveesta koivupuun.
Hiljaa kuiskaa metsä maa.,Sulle on aina paikka.
sua haluan rakastaa.

67. Sinne metsän rajaan.

Siine metsän rajaan.
Hukkuu ajatus miehestä.
Totuuden ripe jää.
Jää jälki,saa paikan,
 metsän sylissä.
Saman metsän sylissä.
Saa kaipaus vastauksen.
 Se vaatii hiljentymisen.
Metsän humina soi.
Metsän humina soi.
Panen ,vaan tämän,
 veräjän kiinni.
Mies etsii naisen luo.
Tuollahan se kylätiellä liikkuu.
Kulkee etenee kuin aika.
Hymyillen etsien,
 salaperäinen mies.
Hymyillen nostaa hattua ,
jollekin tutulle.
Hieno herra.

68. Uskollinen.

Kukkivat nurmet kesien.
Kunnian kasvosi piirsit sydämmeeni.
Nyt rukoilemme: Ä lä vie tunteitamme.
Onnemme lempemme yhtyy taivaisiin.
Itkee kohtalosi mun kohtaloani.
Valkenee myös aamu.
Valo sen ,nuoruus jos jää.
Herää henkiin uudelleen.
Vaikkakin kaiken kätkee.
Herää uudelleen,muistoissa.
Mielessä , kun nuori on mieli.
Vaikeudet voittaa ja onitselleen
uskollinen.
Vaikkakin kaiken kätkee.
Niin lopullinen se ei ole.
Vaan alku uuden tulevaisuuden.
Hetken kun sataisi kyyneleitä .
Niin kohta jo nauraa saa.
Kaiken pahan unohtaa ..

Kukkivat nurmet kesien.
Kunnian kasvosi piirsit sydämmeeni.
Nyt rukoilemme: Ä lä vie tunteitamme.
Onnemme lempemme yhtyy taivaisiin.
Itkee kohtalosi mun kohtaloani.
Valkenee myös aamu.
Valo sen ,nuoruus jos jää.
Herää henkiin uudelleen.

Vaikkakin kaiken kätkee.
Herää uudelleen,muistoissa.
Mielessä , kun nuori on mieli.
Vaikeudet voittaa ja onitselleen
uskollinen.
Vaikkakin kaiken kätkee.
Niin lopullinen se ei ole.
Vaan alku uuden tulevaisuuden.
Hetken kun sataisi kyyneleitä .
Niin kohta jo nauraa saa.
Kaiken pahan unohtaa ..

69. Pilvet.

Valko harmaat pilvet,
kuun peittää.
Kuu valonsa maahan heittää.
Alan kahvin keittään.
Kuu lumoaan antaa taivaanrantaan.
Sadetta puut kantaa.
 Minä katselin metsän rajaa.
Ajatukseni karkaa kauaks.
Menneiden aikojen taa.
Metsä rauhan suo.
Minut sinun luokse tuo.

70. Taivaalla.

Taivaalla korkealla valkeat pilvet.
Ilo ylimmillään.Pomppivat pallot,
lasten hyppynarut.
Kosteus rannikolla,
kylmä käy vaatteen läpi.
Iskostuu iso ikävä.
Ison vihan aika nuijasotako?
Perunateatteri pakollinen.
Pienet ja suuret vaahterat.
Huojuvat tuulessa,
Syttyvät sammuvat tupakat.
Väsynyt silmäpari valvoo,
kirjoituksiaan.
Hiki varistuu puista.
En tiedä missä kaikki ihmiset on?
Ihminen henkittää omaa hikeään.
Omaa pintaansa.
Enempi kesäisin.
Katsoen tyytymättömänä itseään.
Ei siihen kukaan toinen sovi.
Perunat istutetaan ajallaan maahan.
Minä olen niin märkä lapsi.
Vilusta väristen aamusta iltaan.
Ihanaa kohta alkaa kesäloma.
kylän riivinraudat ja kukkaset.
Aidat naapureiden valot parvekkeet.
Katukivetykset korkeat puut,
nummien suut kujan suut.

Hiljainen tienoo ,postinjakajaa ei näy.
Kesän runsaus tulossa.
Metsämaisema on kukkasia tulvillaan.
Vanhat ämmät ,vähän äveriäät,istuu tupakalla.
Sunnuntai päivän rauhaa.
Alas laskeutuvat koivun lehdet.
Ukkonen ja sade tulossa.
Keinu vartoo keinujaa.
Ihmiset kulkee omia menojaan.
Arkisin monetkin töissä.
Melkein liian hiljaiset tienoot.
Liian suuret huoneet.
Sataa sataa alkuloisuutta.
Teeveessä ohjelmia vaikka minkälaisia.
kuluu kahvia ja tupakkaa.
Pysähtyy ajatus kiireisen.
Seisahdun johonkin tuumaan.
En saa silti mistään iloa.
Tyydytyksestä puhumattakaan.
kylmyys ja häpeä rinta rinnan
Tanssin yksinäisyydessä hiljaisuudessa.
Ala kulosta sen menneiden päivien huumaa.
Tanssin liian usein itskseni.
Kuin autio huone olisi.
Lohduttomuuden varjo minuun jääden.

71. Luonasi.

Luonasi hetken verran,
levähtää sain.
Sen verran, että ensisuudelman sain.
Sinua hain, myös ensirakkauden sain.
Miten vaan sinulta rakkautta saan.
Sen kanssasi jaan,se on sitä mitä lähdin
hakemaan.Nyt minne olet matkalla?
Taakkasi kanssani jaa. Se on päivän selvää.
S ua tahdon rakastaa. Matkusta maailman ympäri.
Sinun kanssa sen jaan.

72. Luonto.

Katselen luontoa.
Luonto kuiskii hiljaista valoaan.
Puut ja pensaat hohtaa,
hiljaista sävelmää.
Aurinko niin armas,
siunaa valollaan.
Silti tuuli tanssittaa puiden lehtiä.
En taida niiden mukaan ehtiä.
Taivas sininen ,luonto melkein
ikuinen.
Mulle rauhan antaa.
Luonto huoleni kantaa.

Kevään korvilla hiirenkorvilla.
On puut ja pensaat.
Kukkaset melkein herää.
Kevääseen ,kukoistamaan
loistamaan .
Maiseman koristain.
Sitä ei tartte todistaa.
Kesä kukkasin itsensä koristaa.
Kaikki herää kesää vastaanottamaan.

73. Rakkaus vaatii.

Rakkaus vaatii yhä enemmän tilaa.
Huutaa sisälläni vapautta.
Korventaa sydäntäni.
Jäytää sieluani,ikävä asettuu
kuitenkin. Eksyksissä kuinka tallessa.
Kuin syksyn lehdet.

Haen turvapaikkaa syksyn säveleistä.
Tulista säveliin muistelen kesäpäiviä.
Kuinka ne hukkasin jonnekin.
Muistojen lukon taakse jääden.
Asettuen kaverin olkapäille.
Tuska kiertää, raakuus tuska
maailman kaukaa. Haen reittiä
haen tilaa.Sillä ei ole kieltä,
ei osaa selittää.Vaan hämmennys.
Kaaos tietämättömyys on sen muoto.

Niin vaikeasti tulee kuulluksi.
Kuuntelen itseäni.
Vaiennut viulu,syksyn veli
iltaan kuiskaa, korvaan rakastetun.

74. Suhde.

Makuuhuoneessa.

Makuuhuoneessa petos hitaasti
hitaasti etsien, hellä syleily.
Avoin suhde mikä ei selittelyjä
kaipaa.
Rinta rinnan,
 tuntien elämän hinnan.
Tuntee sen pölyn sen hien,
ja kuivuuden. Sen sateet,
sen kurjuuden kyltymättömän
nälän, janon uupumuksen.
Sen verisen rannan.
Jossa ei väylää näy.
Sen kivisen tien,jonka toinen
tarjoo. Sen eksymisen.
Sen elämän tien.
Jota sanotaan leikiksi elämän.
Lapset tarjoo elämän.
Sen onnistumisen ja
uupumuksen onnesta.
Joka yrittämisestä tulee.

Sen naisen kutsumuksen rannan.
Joka jalkapatikassa,
hakee tulevaisuuttaan.
Uupumuksen ja työn ilon saa
palkakseen.
Sen onni sen riemu.
Löytämisen tuskaa.
Eron ihanan yhtymisen ilon..
Saamme olla kahden.

75. Kevät.

Kevät kun tulevi.Lumetkin sulavi.
Jo näkyy kevään merkkejä.
Linnutkin laulaa.Osa on tullut pesimään.
Tummien lasten parvi.
Vielä koulutielle kiirehtää.
Minäkin olin siellä joskus aikoinaan.
Kevättä odotellessa.
Ihan kesää, vesipurotkin herää.
Maa lumien alta pilkistää.
Lapset kouluun kiirehtää.
Vielä oppimaan kerkii.
On jo valoisaa.
Kevät meillekin tulee kaikille.
Suo lämpöä aurinkon.
Valoa lapsille.
Jäätkin lähtee. .
Säät on lämmenneet.

Aurinko säteitään antaa.
Lasta kantaen.
Kauaks huomiseen.

76. Kevät 2.

Tummien lasten piiri.
Kokoontuu yhtehen.
Ollaan yhdessä leikitään.
Joka paikkaan riennetään.
Tummien lasten ääni kantaa.
Voi paljon sinulle antaa.
Uskoa huomiseen.

Laulaa lintukuoro .
Onko sinunkin laulu vuoro?
Kaikki näyttää valoisammalta.
kun on valoisaa .
Kun on aurinko.
Joka lämmittää.
Silloin on kevättä rinnassa .
Iloa rinnassa.
On ihanaa kun on aurinkoista.
Ihanaa kun on valoisaa.
Silloin on kevättä rinnasssa.
Kun on aurinko maan pinnassa.
Alkaako lintujen pesimäpuuhat.?
 On silloin uudet tuumat.
Kun aurinkosta kuumat puuhat.

Pitää liikkeellä.
Onneksi on koti mihin palata.
Ei tartte mitään salata.
Voi vaikka halata.
ja kotia palata.

77. Kysymykset.

Lupsahtaa silmät kiinni.

Pohjoinen kuu tien näyttää.
Erämaan kulkijaa myös odttaa.
Aarretta vaan ei missään näy.
Jos se nyt vaan on tähdissä taivaan.
Mielessä kakertelee kysymykset.
Pitää mielen valveilla.
Eksynyt sadekuuro.
Ihminen odottaa enemmän.
Sade villinä vihannois.
Mies odottaa,
että loppuis niukkuus päivän.
Ristitulesta pelastus.
Jännittyy jousi, virittyy viulu.
Itkun kyllä,sen kuulee itse.
Murheen niin mustan suo.
Pitkä taival, rankaistus raippa.
Kaiken jälkeen,surusta vaputuu.
Surusta luopuu itku.
Puristuu rinnasta itku.

Vartalo jännittyy.
Itkusta hetkeks hellittää.
Vapautuu hetkeks,
alkaa taas uudelleen.
Pimeys hetkeks kätkee sen.
Hiljaisuus sulkee portit sen.
Mies villi ja vapaa.
Yhä kuulee kutsun sen.
Pois pölyt pyyhkii,
 tunturipuronen.
Varmasti elämä antaa ja ottaa.
Pysähdyn tähän vähän.
Onnemme hetkeen.
Niin monet ovet,
 aukaissut ,sulkenut.
Mies varovasti avaa ,
naisen taivaan.
Yksin täältä lähden pois .
Yksin jään ,mies tilittelee.
Minkä koin ,miten paljon join?
Join ja join, koin ja koin.
Vieläkin joisin,

jos vaan juoda juoda vois.
Anna aikaa lohdutukselle.
Siihen sinulla on oikeus.
Lohduta myös lasta.
Onnellista helminauhaa.
Omatunto vaikenee.
Saapuu hiljaisuus.
Jonka olet itsellesi,

suonut sallinut.
Ääneen sisimmän pakkottanut.
Odottanut hiljaisuutta.

78. Sadattuhannet.

Tulevaisuus.

Katson maailmaa,
 kullankeltainen väri.
Katson valoon valoon.
Valo merkitsee mielettömästi.
Näkemiseen, miten kaikki
liittyy tulevaisuuteen.
Yli pimeän huomisen.
Uskoo kuitenkin valon voittoon.
Niin keväällä,valoisalla ilmalla.
On jo voittanut jotain.
Kun näkee valon ja aurinkon.
Sateet ja valobrisman,
 valon taittumisen.
Moniin eri väreihin
Niin on yhden lajin antisankari.
Kun katsoo omasta vinkkelistään.
On mahdollisuus voittaa omat sotansa.
Uskaltaa ja on pakko,
tehdä omat tehtävänsä.
Sadat tuhannet ikkunat särjin koneet.
Vaikka olenkin selvin päin.

Olin yhä jonkun vankina.
Vaan vapaus odotti vierelläni.
Sen näin ,unohtui sadattuhannet yöt.
Kun heräsin viereltäsi.
Unohtui sadattuhannet parvekkeet.
Joista turvaa hain vain.
Sadattuhannet tiet jäi.
Tulin kotiin odottain mun armastain.

79. Yhdyn suruusi.

Yhdyn sinun arkeen,juhlaasi.
Yhdyn sinun iloosi suruusi.
Surraan kun surettaa.
Nauretaan kun naurattaa.
Kun nukuttaa niin nukutaan.
Yhdessä palellaan.
Yhdyn sun tuskaasi,
yhdyn sun iloosi.
Yhdyn sun lempeesi.
Epäröintiin ,epäsäännöllisyyteesi.
Uneesi uniisi,arkeen .
Elän sun kanssa.
Tämän onnemme hetken pienen.
Missä viipyy avaruus.
Säilyy mielessä aina.
Yhä muistan,
 kun kurkotimme tähtiin.
Tämän onnemme tallensimme.

Löysimme yhteiset tiemme.
Kylmät nuo tuulet taivahan.
Tähtien luota palaavat.
Niin jäätyvät polkumme.
Huntuna hallan ja pyryn
Tiellemme heitti lumiverhon
valkoisen.Miten liesi lämpenesi?
Miten taivaan valo palaisi,
 noissa sun ikkunoissa?
Mun ikkunoissa.
Miten tähdet kylmät,
kuitenkin toivoa antaa?
Valo kotiin kantais.

80. Kukat kukkikaa.

Kukat missä ne kaikki on?
Joko ne on kuihtuneet?
Kukat tulkaa takaisin-
Niin rauhassa makaisin.
Kesä kaarnapukuun pukeutuu.
Nauraa tytön suu.
Neilikat kukkikaa pois ja
viekää huoleni pois.
Hoi kaikki linnut.
Missä te olette?
Herätkää laulamaan.
Myös huhuilkaa.
Käet kukkukaa.

Tuomet kukkikaa.
Tai toisianne käskekää.
Juomaan maljat kesän.
Tuomikin jo heräs
 ja omenapuu.
Vaan aika entinen,
 mieleen palaa.
kun vanha kouluaika,
ei palaa. Vanha koulutiekin,
 puuttuu.

81. Rantasauna.

PÄIVÄ ANTAUTUU YÖLLE.

Kun suvi kuiskii kuutamolle.
Päivä antautuu yölle.
Itkee nainen sokeaksi itsensä.
Unohtaa kaiken,laskeutuu laineet,
järven yllä laukaisee sydänsurun.
kulkien laineiden lailla edestakaisin.
Laskeutuu rantasaunan laiturille.
Sinne minne moni haluaa,
 rantasaunan löylyyn.
Häpeää mies kuitenkin lamaa.
Jonka kutsu on kaikkialla.
Suvivuoro, kun tuomet kukkii.
Puhkeaa kukat kuin sydämmes.
Lämmön kaihosta kukkis.

Itsestään avatuu.
Sitä herran ihmettä ,mitä on ikävä
kesää.Kysyen mitä tuo kaikki maksaa?
Kun elämän raita,
 yksi piirto kankaspuussa.
 Marjat sormenpäissä poskipäissä.
Mitä kun yölamppu valvoo.? .
Mitä kun kesä vihreä ja lauha?
Maassa rauha mikään ei paina.
Onni on olla kotona,
 vaahterat kodin yllä tuomet.
Maata jalkojen alla.
        Perunat maassa ja kellarissa.
Kesäyön lauha rauha.
Kutsuu uupuneen.
Mies etssii naista.

 Päivän tunneista otettu ilo.
Valo jäi vankiksi yölle.
Valo yön sylissä kypsyy ja pysyy.
Ruoho jalan alla,
 taas on aurunko ihana.
Minä niin lihava.
Minä keinuun kurkotan.
Tuoksuu tuomet,
 menneitten kesien.
Säilytät kesän marjat,
Pihlajat kukkii omenatarhat.
Niin villinä raikkaana tuoksuu.
Kukkulolla turvan antaa.
Suuret jalkani, lyhyt kroppani.

82. Kipuna.

YÖN PIMEYS.

Jalkovälissä taivas.
Yö pimeys hämärä yö.
Syli pehmeä kaipaus,
kynnys sen. Nyt tule mies.
Mies ei koskaan tule.
Odottaa epätoivo,
 ajaa jonnekin.
Liukasta ja pimeää.
Kätketty kuoleman rauha.
Aavistuksen verran,
 ajatus matkaa.
Köyhä sisältä ja ulkoa.
Tähdet hankilla.
Hankien talvinen rauha.
kipuna hämärä,
 ottaa maiseman.

83. Rubiinin lailla.

Rubiinin lailla,
 veri hankilla värjöttää.
Murhattu ruusu kuin olisi.
Punaiset omanat toiveiden.

Kukkii talvellakin ,hankillakin
roudan mailla. Muutkin kukkii,
kuin halla vain lapseni keräsin.
Heräsin talvipoluilta pois.
Lapseni keräsin, metsän takana
vastaa rastas. Nyt taakkani raukee.
Ovetkin aukee.

84. Kuoleman pelko.

Kuoleman pelko, heikkoon
ihmisen tarttuu.Pitää kiinni,
vyötäröön tarttuu.
Pitää hiuksista kiinni.
Väijyen kantapäillä.
Helvetin vaarallista,
hälläväliä tila.
Mitä sattuu olkoon.
Ainainen helvetin pelko.
Väsymyksen vuoksi pettymysten.
Katkeruuden takia yksinolon.
Ei käsitä kuolemaa.
Sen vakavuutta lopullisuutta.

Vaikka kaikki kuoleekin.
Sitä ei tiedä tuleeko äkkilähtö?
Eikä ole paluuta.
Sitä sitten pelkää.
Mitä pahaa siinä?

Että saatana ja voima,
 asettuu samaan pesään.
Mitä muuta kuin hulluutta.
Toivoa toiselle ihmiselle pahaa.
Olenko antanut käteni saatanalle?
Ei näy pahalle tahdolle loppua.
Kerjäänkö toisen ihmisen kuolemaa?
Saatana odottaa ihmistä.
Enkä sitten joudu tuomiolle?
Olen hullu sen pahan voiman tähden
minussa.

Saako perkele anteeksi jumalalta?
En tiedä perkele en tiedä millä
itseäni rankaisen.?
Tulisella raudallako?
Helvetin tulellako?
Kaiken loppumisella.
Johan helvetti häämöttää.
Itse sen tuntee.
Johan helvetti paistaa.
Helvetin tulesta lähteneeksi.
Jonkin vihan, käynkö kysymässä
missä se on.
Tuntuu olevan sormien päissä.
Että sellainen taiteilija.
Sellainenko on ihmisen onni?
Että kiertää helvetin tulet,
helvetin paulat.
Mikä on ihmisen paha tahto?
Kun se lähtee liikkeelle.
Eikö ole kauheata?

Kuka nyt ei käsitä itseänsä?
Kuka ei uskonut?
Kuka ei vastannut helvetin
kyselyihin?
Mistä ne tulee?
Pysytelköön kaukana minusta
helvetin tuli.
Se paha joka meitä väijyy.

85. Ruusut huoneeni pöydällä.

Ruusut huoneeni pöydällä.
Yrittävät uskotella minua.
Uskomaan itseeni.
Sinun katseesi ja hymysi.
Niin paljon merkitsee.
Niinkuin voi sulaa leipäni päällä.
Joskus kun on paljon ihmisiä.
En tiedä tohdinko,
 nauttia yhdestäkään hymystä?
Onko minulla oikeus yhteenkään
hymyyn? Tunnen rakastavani kaikkia.
Ihmisten vapautta.
Lepo ja onnen tilaa.

86. Viha.

Uus elämä

Uus elämä sisältä sen kumpuaa.
Silti kuin kiroaisi sen.
Mustaa multaa ,niin nousis
uusi sukupolvi kukoistamaan.
Joskus kiroankin,kun poikaani
vaan vaaditaan vankilaan.
Hyvältä tuntuu, pohjalta tuskan
mutien nousta.
Kipuna rinnan, koetan vaan nousta.
Mutta en jousta.
Kuin uni uus päivä saapuu.
Vaikken nousisikaan.
Mikä on veripeltolainen.
Kuka huutaa,
 tuskan juuresta huutamaan.?
Kuka kun minä.Kysyy mikä
kaikki ei ole paikoillaan.?
Sieltä puuttuu minä.
Mullan alla,siellä unohtuu viha.
Sillä siellä on vihani sija.
 Sen minkä tekivät aikoinaan.
Niin ahdas polku on mun elämäni.
Ahtaampi on kun hautaan lasketaan.
Uus elämä

Uus elämä sisältä sen kumpuaa.

Silti kuin kiroaisi sen.
Mustaa multaa ,niin nousis
uusi sukupolvi kukoistamaan.
Joskus kiroankin,kun poikaani
vaan vaaditaan vankilaan.
Hyvältä tuntuu, pohjalta tuskan
mutien nousta.
Kipuna rinnan ,koetan vaan nousta.
Mutta en jousta.
Kuin uni uus päivä saapuu.
Vaikken nousisikaan.
Mikä on veripeltolainen.
Kuka huutaa,
 tuskan juuresta huutamaan.?
Kuka kun minä.Kysyy mikä
kaikki ei ole paikoillaan.?
Sieltä puuttuu minä.
Mullan alla,siellä unohtuu viha.
Sillä siellä on vihani sija.
 Sen minkä tekivät aikoinaan.
Niin ahdas polku on mun elämäni.
Ahtaampi on kun hautaan lasketaan.

87. Itsekkyydestä.

Itsekkyydestä tahdosta.
Nainen saa kaiken ilmaiseksi.
Mies vihaa naista.
Minkälaista vaikka minkälaista.
Nainen ratsastaa ei ohjaa ei
kannusta.Vaan piinaa kieltää,
ei tahdo myöntää mitään.
Pannen miehen tahdon koetukselle.
Miehiä onkin paljon jäänyt
taaksensa.Hoitaa köyden.
Odottaen ratsukko vie kauksi.
Tulevaisuuteen, monet haaveet
kuljettain.kuin onnen omistaisi.
kaiken kun ilmaiseksi saisi.
Viini eteen tuokaa.
Juokaa veikon maljat.
Vaikka olis halvat.
Miestä kiusaa,
 naisen heikko kädenpuristus.
Avuttomuus lapsen käden puristus.
Naisen käden puristus.
 Siinä on totuutta molemille tarpeeksi.
Mies näkee sen.Usein pakenee.
Turhautuneet kyyneleet.
Kuin sateet, pyyhkii naamaa.
Pilviset päivät mies tuntee.
Kun jo nainen kyynelöi.
Mies tekee, kun nainen ajattelee.

Tuhannet turhautumiset silmistä näkee.
Pölyn ja laman kotipiiskaa.
On aivan sama,minne menee
polut miesten. Säät kätkee pölyt
pölyt pyyhkien.
En piittaa vaikkon lama.
Aivan sama ,kunhan kuljen vaan.
Arkipäivä minutkin taltuttaa.
Ei ihmettele mies naista enää.
Vaan poimii ilon mielin langennein.
Kuin salaa itseltään.
Houkutus liian suuri.
Sen ihanuus.
Sormin tahmaisin, taluttaa
enkeli lankenneen kotihin.

88. Pinnasta pintaan.

Hei kuljemme eteenpäin.
Pinnasta pintaan.
Ilosta iloon, valosta valoon.
Voitosta voittoon.
Riemusta riemuun.
Juhlista juhlaan.
Valoon taloon eteenpäin.
Kädestä käteen.
Jalasta jalkaan sovimme.
Sovimme kuljemme,
löydämme. Haemme

nukumme, itkemme
uusiin uniin.
Tulemme tutustumme.
Eroamme yhdymme eroamme.
Saamme jaamme. .
Toisiamme tukekaamme.
Yhtyvät tiet eroavat.
Otamme annamme.
Saamme kaikesta nauttikaamme.

89. Maantie.

Tummeneena maantie paljon antaa.
Ajan hevostani.
Siivin valkoisin.
Hurmion suo mulle.
Mut taas lankesin.
Ei makeaa mahan täydeltä.
Ei jaksa kestää, mut ei voi estää.
Polkuni kai esteetön onkin.
Pilvet valkeat näytä mulle tie.
Mi kotiin vie.
Rakkaus on uus aateluus.
Julmiin pukeutuu.
Peittää herkän haaremin.
Suo rakkautta kauan kaivatulle.
Suojatun vankilan.
Ah niin mieluusti.
Vapauteen astuu.

Mun hevoseni.
Vapaana nurmet kutsuu.
Tie vapaa on aatteeton.
Vaan vapaus taivaan.
Ratsulleni suokaa.
Nyt juokaa maljat vapauden.
Kun tie on esteetön.
Juovuin maantien pölystä.
Hiestä ja lemmen aattehista.
Lämpenin niin paljain jaloin.
Tää aate nyt ei ole jaloin.
Tanssikaa kaikki kukkuloilla.
Tuomionne pois.
Katso kointähti korkealla.
Taivaalla kurottaa.
Kuin ihmisen tahto ja mieli.
Omaatuntoani kaihersi.
Kaipuun hehku ja hiillos.
Ikävä tulena palaa.
Palaa luokseni uudestaan.

90. Itku.

Itkusta pää sekaisin.
Rakkaudesta jalat harallaan.
Intohimosta itku.
Porusta paljon nauraminen.
Kyynelistä naurun pätkä.
Soitosta tuhat taituri.

kirjoittelusta mestari.
Rakkaudesta laukku.
Kulkea maailman ympäri.
Laulusta omena.
Omenasta onnenpyörä.
Onnen hetkistä aurinko.
Sanasta sananlasku.
Vihasta viitta harteille.
Kunnosta kesto kantapäille.
Laulusta lorunpätkä.
Itkusta pitkästä ilovirsi.
Kaunasta kääntöpuoli.
Vahinkosta viisastuu.

91. Lintuna.

Paita pois, niinkuin ei sitä ois.
Niin riisua voi.
Höyhenet kastuu.
Lintuna lentää voi.
Vapaana nyt vaellan.
Vapaana vaan en vihittynä.
Vain elämän huoli lapsista.
Liepeillä helmojen kannan.
Kaikesta kiitän.
Ettei liian kauaksi liidä.
Häpeän hoppu pimeissä
laaksoissa. Liepeillä vuorten
mä viihdyn mielellään.

Vuoret ne hukutti,
 maailman melut.
Vaientaa virret.
Jotka me laaksossa laulettiin.
Haen mustaa hevostani.
Liepeeni nostan.
Kokemukset kantaa kauksi niin.
Tuulet laulaa niin, että
kuulla sen voi.
Ikävän hetket viipyy,
 luonani hetken.
Kaihoni kantaa kauas.
Aikojen taa.

Kukkien kissankellot.

92. Nouse nouse.

Mikä elämän helle.
Sitten onkaan?
Koko ajan siinä.
Likipitäen ihmistä aina.
Hommat saa jäädä siihen olemaan.
Siihen vaan paskan ja hien hajuun.
Nouse ,nouse oman elämäsi
hien hajusta ylös.
Ala joutua jo nyhtänkyljäke.
Elämäsi raunioilta.
Ala nousta tunkioltasi.

Joka on elämäsi.
Et pysty mihinkään.
Etkä sinä ole mikään.
Sanoo pahaomatunto.
Mihinkä kaupunkin osaan.
Laitoin kiertämään.
Mustan kissani?.
Kaupunkin katuja.
Missä on riittävä totuus?
Kun kaikki vaan ihmettelee.
Että olen musta mustalainen.
Taikausko pirtillä,jossakin nurkilla.
Kytee rotusorto.Jonninjoutavaa.
Ihmisen kehitys kulkee takapakkia.
Jätä jo tupakasta savut.
Anna jo tulta.Siinä ja siinä,
oletkin. Näen sinut.
Pakkasen puremin silmin,korvin ja
poskin, Ikkunat jäätyy.
Sauna ei lämpiä.
Kiire on jonnekin ei mihinkään.
Tervetuloa paskanrannut.
Elämänhaluni on aikaa kadonnut.
Se on ylellisyyttä.
Tule jo lämmitä sauna.
Tule jo löyly kiukaasta.

93. Unet ajallaan.

Unet ajallaan palaavat kotiin.
Ihmisen mieli.
Itselleen liian vaikeana.
Sinisenä keltaisena.
Ruskeana punaisena.
Mustana ihmismieli.
Joka hakee osoitettaan.
Viihtyy viihtyy viivytellen.
Parvekkeiden kupeessa.
Hämärässä kahvipöydässä.
Hämyisellä tiellä.
Varjoissa valkean taivaan.
Sinisen taivaan.Hanken valkoisen.
Ihminen siinä välillä.
Halu voittaa vaikeudet.
Hakea kiintopiste elämälle.
Lämmin takkatuli.
 Talven kylmyyteen.
Mitä rakkaudesta.
Kun saa levätä.

Mitä rakkaus onkaan?
Mitä kaikki onkaan?
Mitä kuvista.
Kun voi kirjoittaa.
Missä kissanpoikanen mennään?
Kirjastot ja terassit pysyy.
Pysyy pimeys talvien.
Syksyjen valot.
keväiden kesien nurmet pysyy.

LOPPULAUSE

Kiitokset kaikille ystäville ja minua avustaneille ihmisille.

Helsingissä,
Helli Karimus

Kiittäen vielä kaikkia mielenkiinnosta runokirjaani kohtaan.